AF279672

Erstausgabe

Copyright Carsten Klook, Hamburg 2009
Alle Rechte vorbehalten

Dank an
Kirsten Heuer (Signet and everything)
Gustav Mechlenburg (Korrektorat)
Christine Krawinkel (Layout und Cover-Gestaltung)
Annette Paulsen (Artwork)
sowie Fixpoetry.com für den Kick

Das Umschlag-Bild von Annette Paulsen trägt den Titel
„Wakker worden, het leven is hard" und stammt aus der Serie „Fortbewegung".
Es misst im Original 115 x 75 cm.
www.annettepaulsen.de

carsten.klook@t-online.de
Sommerhuder Straße 31
22769 Hamburg

Carsten Klook, geboren 1959, lebt und arbeitet in Hamburg
als Schriftsteller und „Kulturjournalist".
1988 und 1991 Literaturförderpreise der Hansestadt Hamburg.
2007 Aufenthalts-Stipendium im Künstlerhaus Lauenburg/Elbe.

Der Debüt-Roman „Korrektor" erschien im Textem Verlag ebenso wie der
Erzählband „TV-Lounge" und „White Trash – Sieben simple Stories"
(klookbooks/Textem). Das Label Grünrekorder veröffentlichte die
Hörspiel-CDs „Halbe Portion Jubel" und „Talk Slalom".

Carsten Klook

Unterirdische Absprachen

Prosaminiaturen, Gedichte und Hörspiele

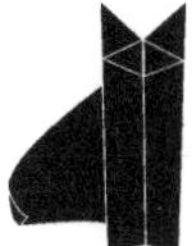

„Wir müssen lernen, den Menschen weniger auf das, was er tut oder lässt, als auf das, was er leidet, anzusehen.“

Dietrich Bonhoeffer

„Mit dem Wort allein ist nichts mehr zu erreichen.
Diese Gesellschaft ist taub.“

Ulrike Meinhof

INHALT

Panzer

Der im Blumenbeet Liegende 8

Lebloses Glück aus Flausen 10

Ambivalium 11

Abt. Unknown Gender 12

Ich kenne einen 13

Ausgebrannt 14

Fragezeichen 15

Am Spion 16

Das wirklich Wichtige 17

Roter Faden 18

Vielleicht 19

Dauerwurst 20

Ein 21

1. Mai 22

Tarnkappe 23

Vorschlag 24

Chaos-Forschung 25

Moment mal 26

Das Schlafen 27

Was 29

In der Lippengalerie

Lunfenkuss 32

Göttin der Nacht 33

Selbst- und Doppelgänger 34

Dr. Kussboxer und seine Sekretspenderinnen 36

Acht unsachgemäße Betrachtungen

Liebeswahn   40

In der Diskothek   43

Versuchsanordnung   45

an die (vor-)geborenen   46

Der Dagmat   48

Der Zwischenton   50

Am Tisch   51

Freihändig   52

P-,W- und S-Gedicht(e)   55

Scenes on Wordscapes

n-tags   60

One Man Duo   64

Hörspiele

Die Reise nach Worpswede   71

„Zitzek rein, nur du!"   86

Am Telefon   87

Erstveröffentlichungsangaben   90

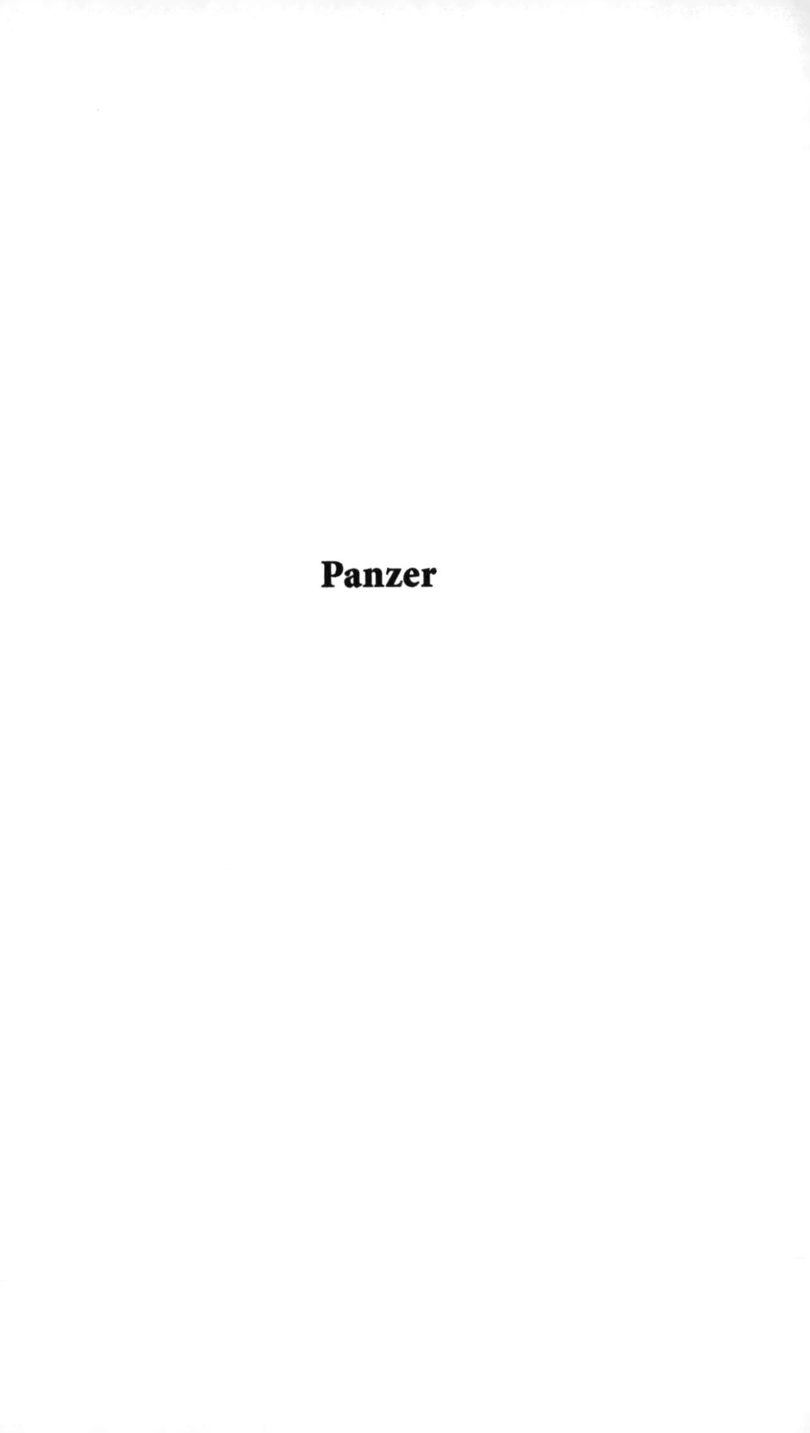

Panzer

Der im Blumenbeet Liegende

Zeigt er sich?
In einem dieser hausgemachten, einfachen,
mit schwarzer Plastikfolie abgedeckten,
hinter Gartenhecken lauernden Beete.
Hält nur den Kopf hin und demonstriert damit: beweglich!
„Wackel doch mal!
Wie der guckt!?“

Nicht mehr auf Wachstum wartend, wie es sich
in einem Blumenbeet gehört, nur eingegraben.
„Kennst Du nichts anderes?!“

Kennt nämlich nichts anderes.
Hat schon lange in Beeten und Betten
und unter Decken gelegen.
Glaubt der, so seine Version erzählen zu können?
„N...“, beginnt er und pfeift höchst selbst drauf.

Nuschelt, um die Distanz zu vergrößern zwischen sich
und denen, die hinter den Hecken vorbeijagen ... die mit ihren
fettigen Ranzen und Katzenaugen an den Schlössern.
Schulkinder und andere Meuten,
die – Jahre später – aus Autos hupen.

Und sein Grabstein besteht aus einem wackelnden Kopf?
„Hallo!“

Selbiges antwortend, spuckt er’s aus. Bruchstücke.
Nicht Geschoss, sondern Schicht-Arbeit.

Stück für Stück zugesargt,
Bedeutung sich zu- und entgegengeschrieben habend,
den Kopf schüttelnd.
Ein Schutzschild also?
Und ein Benutzungsaffront?

Absicht als Absehen von …

Lebloses Glück aus Flausen

Tisch Arm 60 Watt Messer Blut Brot

Cello phone Spinnenwebmustermilch

Kegeltreue grinst lampig

Cellophanöses Milchmuster

Ichaugensuppe

Ambivalium

Man sah ihn im verbalen Bodensatz nach Grund suchen, aber bald jeglichen Faden verlieren, aus dem Gesprächsstoffe gemeinhin gemacht sind.

So stocherte er auf den Subplaneten, die Produktwelt, ein.

Dabei träumte er zischende Laute, die er zwischen abgehalfterte Rinderhälften hauchte, was den allgemeinen Fortpflanzungsritualen zuwiderlief.

Er wusste:

Das Recht auf Meinungslosigkeit ist schwer zu behaupten.

Von allen Seiten strömte man auf ihn ein, er solle sich endlich bekennen, äußern, geistige Wege beschreiten, die man nachvollziehen könne. Um sie sodann aufzurollen.

Er aber bildete weiterhin Sätze, die nicht nach ihm und nicht nach ihr waren. Das leise Summen eines Besitz angreifenden Fürworts entwich aus seinen Mundwinkeln, die – zu einem Gitter geformt – neben jedem Hochhauseingang Platz gehabt hätten.

In sich abgewogen, dosierte er Skepsis und verpackte sie als Tütensuppe für den Tagesbedarf.

Unter seiner Führung wäre dieses Land bald verschwunden. Eine belastende Mutprobe für alle, zu der er es nicht kommen lassen wollte. Die Instant-Lösung. Er nagte weiter an einem Getränk, hob die Braue und bedeutete nichts weiter.

Daheim entfachte er unregelmäßig ein Sorgenfeuer, das er nicht mit Durst löschen konnte. Er entzündete sich an seiner -losigkeit und lief euphorisch auf die Straße. Dort wurde er von einer meinungsbestrahlten Menge auf ein Bier festgenagelt, das auf einem Kreuzworträtsel serviert wurde, dessen Lösungsbuchstaben Heiligenscheine trugen und zusammen das Wort *Jesus* ergaben.

Abt. Unknown Gender

Länder – Menschen – Abenteuer
– Reportage –

Bei den Zapoteken in der südmexikanischen Stadt Juchitán haben die Frauen das Sagen, sagt man. Sie beherrschen den Markt, sie verwalten das Geld, ihnen gehören die Häuser. Sie sorgen für sich und ihre Kinder. Sie sind berühmt für ihren Stolz, ihre Stärke und ihre üppige Schönheit, hört man.
Die Männer von Juchitán sind Bauern, Fischer, Handwerker und Arbeiter. Viele von ihnen sind arbeitslos. Die starke Stellung der Frauen hat bewirkt, dass viele Männer lieber eine Frau wären. So hört man sagen.
So werden in Juchitán drei Geschlechter unterschieden: Männer, Frauen und Museh. Letztere sind Männer, die sich als Frau fühlen, Frauenkleider tragen und Frauenarbeit verrichten.
Weiß man vom Hörensagen.

Ich kenne einen

zur Benutzung freigegebenen Mund,
der in Hinblick auf niemanden funktioniert.
Der Mund hat keine Meinung.
Er fühlt sich nur an.
Ich wisch ihn ab, mein weiches Möbel.
Schlaf schön und sei salzig!

Versteinerungen – aus asthmatischen Gründen.
Aufrichtigkeit – etwas für Brustwarzen.

Ausgebrannt (in Verehrung Helmut Heißenbüttels)

Der Schriftsteller rieb sich so lange die Hände, bis diese heiß wurden und Feuer fingen. Er verbrannte ebenso wie seine Manuskripte.
Mehr ist dazu eigentlich nicht zu sagen.

Fragezeichen

haben mich schon immer begeistert,

die geschwungene Form,

diese Elégance.

Rasant legt man sich in Kurve,

biegt sich ins Pro und Contra

und setzt diesem zweifelhaften Wackeln,

mal in die eine, mal in die andere Richtung,

letztlich doch einen Schlusspunkt.

Die offene Form, die dann

mit Überzeugung feststellen muss,

dass alles ein Ende hat

.

Am Spion

bist Du in deinem Noch-nicht-daheim-Sein
im Hause Gegenwart sehr beschäftigt
mit Isolierungsarbeiten ...
gegen das feindliche, undefinierte Jetzt.
Irgendwann wird sie nicht mehr zurückkommen.
Weil sie dahintergekommen ist.
Und du glaubst sie dir auch so.
Deine Vorstellung von ihr, von dir, was immer.
Hältst sie mit Fiktionen (und sie sich ohne).
Legst dich zu ihr, wie deine Hände in den Schoß.
Sie, deine Gegenwart.

Was auch immer das ist, was überlebt hat,
was auch immer das war, was so zerstörend,
ausrottend, auslöschend dir vorkam ...

Enttäuscht klopfst du an eine Tür, auf der dein Name steht.
Du lässt dich schließlich selbst nicht mehr rein, in dich.
Denn Ich sind immer die anderen.

Das wirklich Wichtige

ist wieder im Kommen.
Alle Jahre sucht es Dich auf und will groß und bedeutend sein.
Wichtig ist der Tag danach und der Tag davor.
Das lieber morgen als heute, aber dafür ein Leben lang.
Natürlich gibt es Unterschiede.
Man macht sich seine Gedanken, stöhnt und sagt:
„Mir drückt der Bauch!"
Aber das wirklich Wichtige ist da, wie der Herzschlag da ist.
Der mit dem Brustton der Überzeugung, der für alles eintritt,
was gerade wieder wirklich wichtig ist:
Getönte Sonnenbrillen, Europa
und ein Glück, das ich nicht weiß …

Roter Faden

Er entdeckte in seinem Lustprinzip keinen roten Faden.
Auch hatte er keine Lust über dieses Prinzip nachzudenken.
So rodelte er weiterhin an seinen farblosen Fäden entlang,
die zur Skulptur der Langeweile gehörten.
An betäubten Ecken seiner Existenz drangen sie ein.
Und manchmal tat er nichts weiter, als diesen nachzuhängen.

Vielleicht
kennen Sie Haare.
Hier fehlen sie.

Dauerwurst (Salami)

Rücksitz-Krauler
Backfisch-Paula
Pökel-Panther
Krabben-Anka
Rocker-Ollie
Titten-Mollie
Fiese Natter
Göttergatte®

b) Summsumm-Summherum (Macker!)

c) Der orangefarbene Leder-Motor
namens Sinn-Verweigerung
leitet den Underground-Dienst
& stiftet Sinn,
d. h. Verwirrung,
weil Du ein Anti- bist.
Das ist falsch.
Sei einfach Du.
„No modder what they say!“,
Fuckfresse/r.

Ein

in die Jahre gekommener Bauzaun des Desinteresses, der ab-
grenzt von dem, was die Weltöffentlichkeit als wichtig erachtet,
umgibt vieles, was sich heute in der Landschaft klarer Verhält-
nisse nicht einzumörteln lassen gedenkt.

1. Mai

Vorbei an aufgeklappten Fenstern,
diesen tortenstückförmigen Luft- und Geräuschausschnitten,
ins Zimmer gekippt.
Vorbei an Sonnenstrahlschraffuren
auf Metall, Asphalt und Glas.
Und in dir diese gekippte Balance
von Vergeblichkeit und Hoffnung.

Frauen, die dich nie kennenlernten
und deren Widerstand auszulösen du einsamer Meister warst.

An diesem Versuchsaufbau von Feiertag
schlenderst du an den Wänden entlang
in eine Religion, die keinen Glauben an sich verschwendet.
Du weitest den Schmerz durch endliche Vergangenheiten
und zögerst, auf einen Neubeginn zu setzen,
der dir bekannt vorkommt.

Tarnkappe

Meine Tarnkappe entsteht im Trinken einer täglichen Dosis von zwölf Flaschen Tipp-Ex. Ein weis(s)er Ozean, der sich einblendet, immer wenn ich etwas sagen will. Unter den feinen Rissen komme ich aus diesem gemaserten Schweigen nicht hervor. Aus Lust an schneeweißer Reinheit werden auch Straßen, Wege abgekappt und in den Teerbehälter zurückgestülpt. Sie wippen Leere in den Blick … durchs Bullauge.

Lass uns
überirdische Bienen sein!

Gestern, neulich, vormittags.

Schluss mit dem gewissen Zauber des Abgelatschten
tendenzieller Verzögerer und sabbernd-
schmatzender Rampen-
Säue.

Lass uns unterirdische Bienen sein!

Vorschlag
(abgelehnt)

.

Chaos-Forschung

Das physikalische Pendel-Experiment: Die Bewegungskurve eines zwischen zwei Magneten ausschwingenden Pendels ist physikalisch nicht zu berechnen oder vorauszusehen. Nur in Ausrichtung auf einen Magneten.
Die zwei Magneten durch Mutter und Vater ersetzend ... da hatte sie ihre für niemanden zu berechnende Unzu(ver-)lässigkeit ... eine (*die*) Ursache.

Moment mal

Schmucklos treten die Sekunden an,
sich selbst zu überrunden:
Die Ewigkeit macht Überstunden.

Absichten, lang gehegte, stillgelegte ...

Im Weltall – ein Röhren zieht duch das Lokale –
feiern Lobbyisten das Banale.
Sie rufen aus zum Fun-Finale.

Was lange währt, wirkt auch verkehrt.

Es schubbern Hemd und Unterhose.
Wer will noch mal? Was soll die Chose?!

Ein Mann in einer Tasse – Gott?
Er fliegt vorbei und murmelt: schRott!

Das Schlafen (Song)

Der Haushalt und das Schlafen
und das Tagsüber-Rausgehen bleiben liegen.
Das Schlafen bleibt liegen.
Das Waschen unter der Dusche
und das Fahren bleiben liegen.

Das Leben, so eingeschränkt
(„das mach ich nach der Arbeit!")
Und wenn der Sommer kommt
auf hartem Asphalt
der Innenstadt *********
den Bars und Clubs (...)

Refrain:
Du gehörst zu den Leuten, die Dir nichts bedeuten.
Du bist temporär süchtig nach Angst.
Du bist nebulös und fuzzyfuzzy.
Und Du lebst on planet pussy.

Der Haushalt und das Schlafen
und das Tagsüber-Rausgehen bleiben liegen.
Das Schlafen bleibt liegen.
Das Waschen unter der Dusche
und das Fahren bleiben liegen.

Du gehörst zu den Leuten, die Dir nichts bedeuten.
Du bist temporär süchtig nach Angst.
Du bist nebulös und fuzzyfuzzy.
Und Du lebst on planet pussy.

Konzentrierte Aufmerksamkeit
und Nerven in der Leistengegend ...
das juckt wie ein Faden an der Penisspitze,
an dem durch die Welt geführt wird ...
Mann
vorführt
sich.

Was

genannt wird, spottet jeder Beschreibung.
Und so bleibt Nichtgenanntes unversehrt.
Wenn kein Wort das andere gibt,
trägt auch das zu einer Geschichtsschreibung bei.

In der Lippengalerie

Lunfenkuss / Gib mir diesen Lunfenkuss! / Lunfenkuss bist rot / In deinen Pfirsich will ich beißen, in deine Zotten will ich krallen / Ein Pfralzen, hin und her und über / Gib mir diesen Lunfenkuss! / Deine Bürste interessiert mich / Dein Nachwehen bestürmt mich / Stopp! Halt! Mach! Nein! / Wort halt mach ein! / Deine Signale bezitzen / Es kribbelt mein Euter / Panzen, Hähren, Flasen / Leuchelmäus komm, dein Gestirn ist küsslich / Lass mich deine Lider säuseln / Du lohnst die Lache / Gib mir diesen Lunfenkuss! / O, gib mir.

Göttin der Nacht / Jeder will mich. / Und sei es nur als Bügel, Watte oder Blase / Von hinten glatt geschleudert röcheln sehen. / Um meinen Abend winden sich die Finger. / Der lose Saft, von dem mir selbst begiert / gedrängt ins eigene Brevier / O, wie's mich leckt und bohrt / Wie tief es in den Gasen schlurcht. / Hier schlüpft man Rahm und Haare ab. / In Eisenbahnen trieft es wund und fispelnd. / Dein Grabbel duftet in der Lechze. / Ja, diesen Leumund sehne ich. / Gib mir die Pracht vergangener Kerle, her mit dem Bügelbrett, du Ökonom! / Und saftet man porös aus allen Wänden, so ist's vollbracht: Geigenrabbatz. / Die Welt kann gehen.

Selbst- und Doppelgänger
(in Anlehnungsbedürftigkeit an Thomas Kling)

8 ur morrgnz
ferrschwidsde schenklinn
seitn
rossrotes traumblut
schwadebeißgeschwadet
schweißge-

Schlaf mich
ausm fenster
& sags mit
bahnsteigstimme

siest scharf obwohl verwackelt
spür deine zittrnde aurah
zitterst nix vor
(„echt gezittert")

Polar-oiz-Liebe

(…)

überrednes keine art
kirchenleeutn innerstatt
zeen urr frü, sonntabnz
& jezz schlafn geen

(…)

sinnkrohnlibbe

wie(d)rum schlfn wir nicht meer
aneinandr

draußn logruf der fögel
ich ist das auge
du dr auslösr

(...)

dieses bessr scheiss machen
unter dr bauchmuskln
ganzheizwand
allein mitsich bschäftigt

staubmuseum, wir tswei
haarwatte
fotroth
Klatt
schnass
match

Dr. Kussboxer und seine Sekretspenderinnen

in der Geschlauchts-AG ...
                          aus der Fleischforschung
      Fleischfassung
            hängen Glieder Gallenpelze Schirmzungen
Körperbetaschungen
            Augenhalterungen Schenkelblende

                        unter dem Ruckel-Lärm des Gewühls
      lakig die Stille weiß getünchten Leinens
zusammen aufschlagen in das Schaumfomm-Vereinende

            Karambol-Age   Funkenschlaf
      bronksandiges Knirschen   Bauchschmiede
Bausch-Muse
            am klamm-strauchigen Nest der Zweig-Haare
            im Fleischhimmel

      Schwelltiger Meat-Puppet besteigt einen Flöz
      Dame leuchtet   zurrt an Hupe   bestätigt einen Filz

in der rötlichen Faxe wangenfeucht gelegener Hodengiebel
                        schlampst pst pst

      die Mopshöse Kolbenfresser Ansaugschnauze
            hic haec hockenheim
Fango-Packer fingerndes Vernagen   Nuggets
ins Fundamental fuchteln
      rotgesteiftes Stolpern in Venus Anus SIEMENStruiert

14 Schiedsrichter
          aufsaugen Senfaugen
     o du unumrissenes Gefühlsovulum aus fließender Zeit
Küsse internieren   Colanüsse   Torffeuer im Puup
       Zunge durch beide Schlitze ziehen
   hintern und vordern
            und hinter dem
        Drückeberg noch eine Nippsache   linguale Litzen
                    Quetschblasen
Schabkünste Kandelaber Zahnkohle   Palpuhöhle
   Pallasch   schwerer Degen
        akustische Perücke
            Croissant
              Crissan   Crash :::
              Endo Clean

Nickerchen   Klaffen aus Schied

            an der Peripherie der Gaumenfreunde
werden Lippencontainer über und über ausgeschüttet
                    Fusselschmeel
Szenen von Puhlern   wohlig verschatzt
       an Pelzrücken

        choosen
            mhhh ...

        Handiclaps

Acht unsachgemäße Betrachtungen

Liebeswahn

Er hasste sie dafür, dass sie ihn liebte. Sie hasste es, ihn zu lieben, weil er sie hasste. Sie liebten einander sehr. Sie liebten einander zu sehr. Und sie hassten sehr: sich und einander. Und wenn er sie liebte, hasste er sich. Weil es zu einfach war. So einfach konnte es nicht sein, durfte es nicht sein. Noch nicht. Vielleicht irgendwann.

Manchmal liebte er sie dafür, dass er sie hassen konnte. Ein Moment größter Nähe. Das war eine günstige Gelegenheit, die er ergreifen musste. Das war ein cooler Abstand. Da ging was, dachte er. Aber er hasste sich dafür, dass er dann tat, was er tat, sodass er sich dafür noch mehr hasste und sich in einem regelrechten Hasskrampf sehr nahe kam, traurig wurde und sich dafür beinahe liebte. In diesem weichen Zustand gefiel er ihr. Was ihn wunderte. Sie fand das dann „gut", wie sie sagte. „Gut" – wenn sie das sagte, gab es diverse Möglichkeiten. Er bevorzugte das stumme Hassen und ging.

Sie wollte ihn davor retten, dass er sich vor lauter Liebe hasste. Und sie. Sie kannte das. Von früher. Sie wollte dann einschreiten, irgendwie. Mit einem Arm, einer Hand, einem Geschlecht. Das ging oft nicht. Dann wollte sie ihn hassen, konnte aber nicht. Weil sie ihn mehr liebte als sich selbst. Sie liebte ihn auch mehr, als sie sich selbst hasste. Das war so uncool. Dafür hasste sie sich, aber nicht so viel, wie er sie dafür hasste. Sie tat lauter Sachen, die ihm peinlich waren. Die ihr selbst peinlich waren. Aber nicht mal hassen konnte sie sich dafür richtig. Weder sich noch ihn. Das erinnerte ihn wiederum, wenn sie davon sprach, an seine Familie. Da hatte er gelernt, lieber zu hassen, die er liebte. Weil sie selbst zu all dem Hass nicht fähig waren, den es brauchte, einen beruhigenden Ausgleich zu all der Liebe herzustellen, die ihm gelogen vorkam. Unecht, irgendwie. Das kannte sie. Das hatte sie schon an ihrem Vater beinahe gehasst. Dass der das dachte.

Eines Tages, nach vielen Jahren, lernte er eine Frau lieben, die ihn hasste. Sie wollte ihn nicht und sie wollte ihn auch nicht verlieren. Das war praktisch. Und sie, die von früher, lernte einen Mann kennen, der sie liebte. Da ihr das nicht geheuer war, hasste sie den Mann erst einmal. Ein probates Mittel, wie sie dachte.

Die neue Frau, die er liebte, hasste sich nicht. Jedenfalls sagte sie das. Eigentlich hasste sie sich nur, weil er sie zu viel liebte. Dafür gab es nach ihrer Ansicht keinen Grund. Sie bat ihn, dies zu unterlassen, andernfalls ginge sie. Es kam ihr lächerlich vor, dass er sie liebte, weil sie das an etwas erinnerte, woran sie nicht erinnert werden wollte – worauf sie ihn verließ. Er kannte das und hatte Verständnis dafür, wofür er sich aber sehr hasste. Immer dieses Verständnis, dachte er und wartete. Warum konnte er nicht einfach geradeaus hassen und lieben, wie andere auch? Er wusste es, wollte es aber nicht verstehen. Als sie wiederkam, konnte sie es sich leisten, ihn zu lieben, weil: Sie hatte noch einen, den sie nicht liebte. Das machte die Sache einfacher.

Die von früher war inzwischen auch wieder unglücklich, weil der neue Mann sie zwar liebte, aber sie nicht ihn. Es war einfach zu einfach. Sie hatte um ihn nicht kämpfen müssen. Er war da, als wäre er schon immer da gewesen und als wollte er nicht mehr gehen. Das war einfach unerträglich für sie, diese Vorstellung, er sei da für immer, ein Leben lang. So wollte sie es nun auch nicht. Er streichelte ihren Handrücken mit seinem kleinen Finger, als sei sie ein fipsiges Tier. Leidenschaftslos, dachte sie und zog die Hand weg. Zog sie in den Hemdärmel hinein, sodass er nun ins Leere griff.

Ein anderer Mann war sehr und eine andere Frau war auch sehr: untreu, unentschlossen und darin verlässlich. Das ergänzte sich sehr gut. Man liebte einander mit Haut und Haaren halbherzig und zog übereinander her, wenn der andere gerade nicht im Raum, nicht im Bild war, nicht bei sich oder bei ihm oder ihr war. Man lebte. Und das aneinander vorbei. Gerade, wie es passte.

Es gab die Wirklichkeit und es gab die Wahrheit.

Das eine wirkte und das andere störte.

In der Diskothek

verbringe ich meine Abende als Säule. Wie ich hier hinein komme, was mich hierher zieht, wird mir schleierhaft bleiben. Umgeben von der rötlich schimmernden Isolation des Schweigens begibt sich das Bewusstsein hinter eine schwere Brokatdecke, um dort nach ungewissen Mengen Alkoholika oder anderer Drogen in ein stummes Jubeln einzudringen.
Auf der Tanzfläche bewegen sich einige wie Kartons, die aus eigener Kraft hin- und herschieben. Andere bekennen sich wildgestikulierend zur gerade angesprochenen Jugendsekte. Eine insgesamt sonderliche Kulisse postmoderner Religiosität, diese Riten in Diskotheken. Der Priester, der auf der Kanzel die Bibeln wechselt und den wechselnden Ideologien in unterschiedlichen Geschwindigkeiten Ausdruck verleiht, bestimmt auch die Frequenz der Herzschläge. 120 Beats per Minute?
Ich denke, also tanze ich nicht. Ein typischer Denkfehler, auf den ich immer wieder gern bestehe. Eher ist es ein Sich-Abgeben an den Luftwiderstand, bei dem ich mich (allerdings nur zu Hause) versuche. So, als würde ich zappelnd aus mir heraus wollen, strample ich den gesammelten Widerwillen, der sich durch Tagespolitisches angestaut hat, ab. Der Philipp, der da (un)gerade ins Bild rückt, lässt dabei den Mund halb offen, die Zunge hängt elastisch federnd. Bei jedem Sprung schwappt sie nach oben und verursacht ein leises „Lödl/Lödl". Jetzt Tempo, beide Arme führen ein irritierendes Bewegungs-Bonanza auf, schwabbelnd ohne Eigenleben, schlauchartig muskellos, wetteifern sie im Hängen, bis die Hände die Initiative ergreifen und aus voller Kraft winken. Hoch und runter. Die gesamte Energie eines genommenen Abschieds transformiert sich in fließender Gestik. Oh, wie es mir winkt! Schleudere mich von einem Bein aufs andere, gerate in ein intuitives Abseits, gucke gar nicht. Das

Hirn hängt nur noch an einem weichen Ende keines Gedankens. Körpern, körpern! Hin und her, „Lödl/Lödl". Zipzapp.

In den Gelenken hält man sich klappbereit, hin- und herschwenkbar. Bis alles weg ist, weg. Sie weg, er weg, ich weg, dieser andere Beobachter, der mich raushält aus allem, aus mir ferngehaltenem, eingeschweißtem Folien-Ich, wegweg. Das gesamte Wegsein soll als siedendheißer Strahl an Plötzlichkeit herausschießen. Heraus! Sensible Sohle! Mein vom täglichen Entsetzen zwangserigierter Körper lässt geh'n! Und die Musik schlägt ein. Wie Splitter. Unter der Körperdecke treibt's weiter in mich und will endlich kommen. Und das Weiche neben den Knochen schlägt, windelwindel. Seitenstiche aus der Gitarre. Tonebash. Noch mal: Hieb und Rhythmus. Hüftschwung, Kopfnuss, Kosmos. Die Leerlaufrille, Platte zu Ende. Erschöpftes Absinken in den warm gepulsten Körper.

In der Diskothek bleibt dies zum Glück der Anderen zu Hause. In der Diskothek verbringe ich meine Abende als Eisenmann. Hier stille ich nur meinen Blickhunger: Gesäßkonturen, die in der Masse verschwunden, einen Mangel zurücklassen, überflutet von den Strahlenkanonen, die auf uns zuhalten, Töne und Licht versprühen.

Als Schiff verkleidet, schiebt man sich im Stile der Eisbrecher durch die einzelnen Schollen menschlicher Existenzen und spürt das maritime Geflüster, das aus den Meeresengen der schallschluckenden Absteh-Ecken dringt ...

Irgendwann ist es dann eindeutig zu spät und man bestellt noch etwas entspannte Oberfläche, die man sich in den Rachen kippt.

Versuchsanordnung

(Kurzfilm)

Ein Nassrasierer auf der Terrasse: zum Trocknen ausgelegt / der
Geruch der Algarve zieht durch die Wolken / ein Mangroven-
bäumchen wird geschüttelt / jemand zuckt mit den Achseln /
eine Hose springt auf und ein behaartes Etwas schnellt hervor /
eine andere Person nimmt es zärtlich in den Mund / als wäre es
ein Bund Stangenspargel mit zerlassener Butter / eine Zigarette
wird in türkisgrün-melierten Aschenbechern aus Steingut ge-
drückt / die Glut erzählt von der Leidenschaft / eine Radkappe
fällt ab / vom Glauben an die Haftung der Hoffnung / im Hin-
tergrund: Rauschen / der Fernseher kündigt Erasmus von Rot-
terdam an / im Kniegelenk knirscht es / eine Hand flattert auf
einem Fahrrad vorbei / Stimmen aus Handsprechgranaten set-
zen akustische Krater in die Atmosphäre / ein Mann schiebt ei-
nen Beichtstuhl durch einen Supermarkt / „703 bitte in den
Kerker" / Warenausgang / Lautsprecher kratzen / Schorf an der
linken Schläfe lässt einen alten Herrn seriös wirken / Kleidung
riecht nach Dach und Stuhl / ein unter dem Tisch klebender
Kaugummi singt ein Lied / hatte sein Besitzer eine Spange? / es
ist 17 Uhr / der Nachmittag verspricht einiges an Aufregung /
der Abend bringt die Wetterkarte mit / die Nacht ist klar / der
nächste Morgen graut.

an die (vor-)geborenen

man wird sich an alles gewöhnen man wird zum automaten
gehen und jedem die hand schütteln bis man satt ist
man hat zeit man hat geduld man hat was man hat und was
man nicht weiß geht ohnehin vorbei meistens hat man die
nerven zum glück und dann wird man nicht mehr sehen als
man sieht man wird in sich etwas unternehmen und den hang
zum haus spüren in den himmel grüßen und den wetterbericht
fühlen sehr förmlich allerdings man wird den wind an seiner
braut kühlen und nicht wissen wohin mit all den armen die an
einem dran sind aber man hat ja erfahrung man tritt mit dem
fuß auf die sohle und kennt jede straße und doch würde man
gern wissen ob sich die welt nicht nur im fernsehen dreht
sondern auch unter den füßen aber das ist eine schlechte
angewohnheit man macht sich probleme die keinen etwas
angehen meistens aber lebt man mit einer ziemlicher sicher-
heit aus einer zweiten hand die man nicht kennt und die nicht
bis zum mund reicht ein mund der einmal das tor zur welt
gewesen ist man hat den sturm in sich bergab gelegt man hat
das grau der zeit durch das haar gestrichen und färbt nun die
gedanken ein man hat einen anspruch und man kann ihn
aufsagen und doch sucht man ihn immer öfter den klopfenden
freund der einem von hinten in die fransen grinst und einem
gut geschultert das herz versohlt aber man kennt sich doch
immer wieder erkennt man sich wie man im garten der
anderen sitzt und das sehen sucht das zu erlernen man einst
alles vergessen musste selbst das sehen man betreibt die liebe
als brettspiel man ruft die nacht aus jedem baum und wenn die
tropfen das fenster entlangfahren empfängt man diffuses licht
so fühlt man sich alles in allem ziemlich überschwemmt aber

zum glück kocht das radio man schaltet sein gewissen ein und
fasst mit dem ohr eigentlich müsste man nur einmal aussetzen
sich für ein paar tage vom leben beurlauben lassen man kann
sich ja nicht an a l l e s gewöhnen manchmal macht man sich
keine vorstellung davon man möchte sich einmal so richtig
gehen lassen aber wohin man hat sich zu klein angesetzt zu
früh zufriedengegeben man mag fast gar nichts sagen man
möchte nur einmal ordentlich ablassen von alldem und von
der welt aber dann macht man sein bein doch wieder startbe-
reit und verfährt sich fort und dabei hängt man am leben wie
ein balkon an der wand man kann es nicht lassen man distan-
ziert sich aus der ferne und bleibt einer der das leben zu seinem
hobby gemacht hat.

Der Dagmat

ist ein in sich geschlossenes System. Kaum behaart an den Au-
ßenrändern, auf der Oberseite leicht bebüschelt, getakelt mit
braunblondem Turban, wächst der Dagmat in den für ihn vor-
gesehenen Behälter hinein. Hier liegt die Domäne des Dagmats.
Hierin kann der auch als perplex bekannte Allgemeinzustand
sein assoziatives Doppelpassspiel voll entfalten.
Den ganzen Tag lang, alle 24 Sekunden einmal, bebrütet der
Dagmat sein inneres Wesen samt Auge und sieht von außen un-
scheinbar dabei aus, etwa wie eine handbestickte Nappaleder-
tasche. Wer sein Ego auf den Vordermann bezieht, der kann hier
fündig werden. Somit ist der Dagmat eine echte Alternative.
Vereinzelt auftretende Dagmaten wirken oft spröde, undurch-
lässig und neigen zum Abschied. Gelinde gesagt, spielt Alkohol
und dessen Konsum, der sich in geröteten Äderchen entlang des
Nasenbeins ausdrückt, gern mit. Wer einmal einen Dagmaten
beim Zuspruch erlebt hat, weiß wovon die Rede ist.
Der Dagmat ist in seiner Erinnerung an sich allein. Er vermisst
ständig, nicht nur etwas, sondern alles, was ihm aus der Reich-
weite kommt. Er überzieht seine Welt mit Vermissten-Mel-
dungen und bringt es hierin zur Meisterschaft. Andere Arten
mögen dies und jenes aufrechterhalten, der Dagmat übt sich in
personeller Abwesenheit aus Vertreibung seiner selbst heraus:
Er fehlt sich. Dies beklagend, wirkt der Dagmat. Fegend. Wer ei-
nen Dagmaten in die Landschaft setzt, muss zusehen. Nicht
dass er, sondern dass er nicht. Genauso gut könnte man grollen
und bellen.
Trotzig zaudert der Dagmat Befindlichkeiten ab und gilt dabei
nicht selten als Schandfleck, Denkmal, Tiefausläufer, schwarzes
Loch.
Ein umgekehrter Dagmat, der lange Jahre gekauert und gemau-

ert hat und sich dann geschält der Öffentlichkeit präsentiert, wirkt eventuell rosafarben, kann aber unter Pflege zu einer wahren Zimmerpracht emporwuchern und – einem Torpedo nicht unähnlich – zu einer Gaumenfreude heranrauschen.
Dem genügend wünscht alles Erdrießliche ...

P. S. (fünfzehn Jahre später): Der perfekte Dagmat war jahrelang im Außendienst tätig, in einer sozialen Leitstelle zum Beispiel, oder im nennenswerten Dauerzustand. Er war es, dem der Heimleiter die goldene Uhr gegen das Vergessen für das erstrebenswerteste Privatziel überreichte. Er war derjenige, dem unser aller Dank gebührte. Nun, einmal ausgezeichnet, reicht es ihm. Auch sonst, unter Kanonenschüssen verabschiedet, aus dem Hafenbecken herausbugsiert, fügt er sich, dankbar an die Hand genommen, in die Koje gelegt, mit einem vorzeitigen Gutenachtkuss versehen, fügt sich also in die innere Mitte, wo er unter vollkommener Missachtung des Regelwerks und der Besucherritze in die Kanalisation der Zweisamkeit entfleucht und mit einigen Ruckbewegungen dem Höhepunkt entgegen und so fort ...

Gott möge ihn haben und wohlbehalten. Und in einer Duschtasse aufbewahren.

P. P. S.
Die moderne Version des Dagmats ist übrigens der TBX 2000.6

Der Zwischenton

Grrunzen schafft Aufmerksamkeit. Jetzt alle mal tief Luft holen, Beine angestrengt aneinander gepresst und mit aller Wucht nach vorn gestoßen ... huuh!

Legen wir erst mal die Ohren ab und nehmen wir sie uns zu Herzen. Was hören wir? Falsch! Den Zwischenton!

Der Zwischenton, ich definiere, ist ein Segment des Grundrauschens, das uns täglich überall begleitet. Ein Profi-Ohrwurm, der das Immerdar nicht ausklingen lässt. Eine Identitätsmöglichkeit für den langwierigen Existenzialisten.

Wer modisch-urban an der Kasse steht, Preis vergleichend zwischen Ober- und Unterarm operierend, ja, was hat der denn?

Das wird nicht verraten, denn der neue Ton ist im Begriff, sich den Mund zuzuhalten.

Der Zwischenton ist aus der Mode gekommen, denn was kann man mit Zwischentönen schon komponieren? Eine Ballade der Ausgelassenheit? Wohl kaum.

Die Krise des Tons ist seine allgegenwärtige Präsenz. Es gibt nicht keinen Ton. Die Welt ist Klang, sagt man.

Im lässigen Tonfall:

Anton, Beton, Karton, Futon, Two Tone, Elton, Newton, Houston, Gaston, Inton (nur als intoniert erhältlich), Kanton, Plankton, O-Ton, Proton, Walton ...

Wir sehen: Es wimmelt, nur so, von Tönen.

Der Zwischenton, dieses in sich hineinwiehernde Element, so muss man einschieben, ist geradezu willkürlich einsetzbar, um das Warten auf den nächsten Ton zu verkürzen.

Der Zwischenton, in seiner Geheimhaltung zum internationalen Om anwachsend, er bildet den Präsenzbestand für den Verschluss von Mundhöhlen, die weder zum Brüllwinkel anheben, noch zu einem Wort führen.

Am Tisch

Es dunkelt. Ein Mann blickt schöngeistig-abwesend zwischen zwei sperrige Häuser, hinauf in den zerschnittenen, giebeltreu aufgepassten Himmel. Links, neben dem Knäuel an verwitterten Tauben, behauptet sich ein Fenstergriff, das heißt, es wird ihm nichts getan, obwohl sein Hauptberuf die Drehung ist.

Der Mann könnte das Balzverhalten der Tauben erkunden. Aber dafür die Füße bewegen? Der eine, tretfaul, kriechtierig. Der andere, ganz auf sich gestellt. Jeder: aufgeschwollen lederumrandet. Da hängt man lieber handtüchern über dem Stuhl.

Unten, in der geladenen Packung U-Hose, knetet die Hand – und das sind ja Ballen, Kuppen, viele, viele Glieder – den Stoff, der verschwitzt, fast feucht, um die Schenkel lappt.

Manchmal schickt er die Linke an die Nase, den Geruch zu kontrollieren, der sonst im Verborgenen bleibt.
Geständnis einer Eichel: Es gibt so viele Dinge, die einen Kopf haben, und man wünschte sich, sie könnten sprechen. Stattdessen liegen sie ungezählt herum (nicht nur in Hosen. Was für ein Gewirr, zum Beispiel, könnte der Tonkopf erzählen?) und vergessen ihre eigene Fühlseligkeit.

Aber nicht wirklich, sondern nur für uns.

Freihändig

Vor uns liegen zehn Finger. Wenn man genau hinhört, kann man die Bevorzugten, Bewegungsfreudigsten trommeln hören: Kuppen hinterlassen gedämpfte Geräusche, Nägel klacken hornig.

Ob Finger wissen wollen, warum sie trommeln müssen? Ihr Verhalten ist absonderlich. Sie liegen auf der Tischplatte und langweilen nicht nur sich, sondern auch ihre Betrachter. Ihnen fehlt die Beschäftigung mit anderen Dingen, das zielgerichtete Handanlegen.

Geballte Fäuste erwecken den Eindruck des Tatendrangs, flach aufliegende Hände den des gepflegten Nichtstuns. Die Körperteile, die sich bestens allein beschäftigen können, sind eben die Fingerhaufen.

Händeln statt Handeln?

Ein gewisses Fingerspitzengefühl kommt auf. Was will ich denn sagen? Wie's geht? Och, wissen Sie, schlaugemeiert-fleischig bewege ich mich a-rhythmisch, werde unmerklich abgeschoben und befasse mich schuldbewusst mit der anderen Hand.

Lange Finger, Wurstfinger, Fingerübungen, -fertigkeiten, Gefinger, Fingierer, Fungierer, schlimme Finger ... Wie man hört, kommt ein Finger, der sich langweilt, selten allein. Er übt sich im Wortgescharre, will auf sich aufmerksam machen, erhebt sich, schüttelt mahnend den Zeiger und weiß, was man weiß: Langeweile ist auch kein Thema.

Die Buchstaben zeugen davon: Hier ist jemand, der drückt noch. Und noch einmal. Es ist, als warte man auf des Rätsels Lösung. (Irgendetwas muss dies alles ja bedeuten). Als suche man nach irgendeinem Griff oder Hebel, den Geschriebenes mit sich bringen soll. Konzentrationslos huschen die Finger über das Tastenfeld. Nur, um nicht allein, an sich, zu sein.

Das mag an der Unfähigkeit zur Erinnerung liegen. Ich strecke die Handwurzel, überspanne ihren täglichen Arbeitsbereich. Die Hand reckt sich, gähnt. Den ganzen Tag hat eine Hand die andere gewaschen, nun wird es Zeit, dass der Daumen Feierabend macht, nach oben zeigt, und die Füße auf den Tisch legt – das heißt: frei vom Handteller baumelnd, sich hängen lässt. Ganz hinten beschreibt der Kleinste eine Bogenlampe. Von Finger zu Finger fächert sich die Hand auf, bereitet sich auf das Schütteln vor, spürt Bremsung und Beschleunigung des links-rechtslinksrechts-bewegten Gelenks.
Das Zappeln am Ende der Gliedmaßen ... das will doch etwas: was denn?
So zupft der Finger am Ärmel des Selbst: Will etwas weg? Der Wille dringt aber nicht bis in den Arm. Und so bleiben die, die an niemanden richtig angeschlossen sind, auf dem Tisch liegen.
Abschiedsinstrumente, winkende.

P-, W- und S-Gedicht(e)

P-Gedicht

Penis Pinte Pummel-Liese
Panik Pogo Pimperpappe
Pfützen Pegel Pipapo
Prügel Pranke Posemuckel
Ponderosa Punker Park
Pelle Porsche Poster Pasta
Ponkie Packer Parasit
Poller Puma Palomino
Pille Palle Pulver alle
Prassen Passen Pulle pullern
Pinsel Pulver Panorama
Pulli Papa Polsterpress
Pankow Prolo Palindrom
Pars Pro Lotto Pass & Photo
Panther Pocke Pfirischhaut
Pfalz & Phosphor Phan & Phon
Pollen Pillen Mogelpackung
Popanz Passwort Prof. & Paff
Parmaschinken Pfaffen Pfropfen
Pop-Poeten Pornokinos
Povollhauen und Protoplasma
Philosoph & Plattenbauer
Pölser Pils & Possenreißer
Pascha Pasch und Peer Export
Patzer Pisser Panzerkreuzer
Pansen Ponge & Poltergeist
Proust Herr Pastior Pinguin
Pilz & Punsch & Pellkartoffeln
Pesen Pisa Pochpochpoch.

W-Gedicht

Wimpel Wimper Wimmerzimmer
Windelweich & wohlgemut
Werwiewo und Winterkleidung
Wild geworden wie'n Wels
Waldbrand Waage Weidenbaum
Walter Wand & Wimbledon
Watzmann Wacker Waffenlager
Wotan Wahnwitz Winde wehen
Wenntilator Wasa-Knäcke
whopperDoppel Warzenschwein
Wollt-Ihr-den-wokalen-Wink?
Wrong & Wringen Wrumm & Wrangler
Wrobel (Ignaz) Wrack & Wanze
Wannsee Wecker Wasserstein
Wundertüte Wispermäuschen
Wentorf Wasser Waschanlage
Windelwechsler webelFeld
Wurfgeschoß & Weberaufstand
Webauftritt und Wir-Gefühl
Wasistwas wieso weshalb
Weg-weg-Weiser Wienerwalzer
Weißer Warze Wand- & schrank
Wolch & Werwirwerdenwollen
Wirt wird weired & wasweißich
Werwiewo & Wolfsburg Wien
Wuppertal?

S-Gedicht

Sperma Sockel Sülzkotelett
Sintiroma Santabarbara?
Saft & Suppe Stippzwieback
Staffelstaffel Stampfkartoffel
Stolperstein & Stiebel-Eltron
Stunk & Stank & Stabhochsprung
Strich statt Stopp-Schild Starkstromschelle
Stapfstapf Starrkrampf Stimmbruchbude
Stolti Stuss & Stallaus-Mr.
Standspurtreue Stollwerk Scholle
Stintfang Stelldich Stapelfeld
Stehaufmännchen Sumpfgebieter
Schemenhaft & Schinkenbrot
Sindbad Stiesel Sackgesicht
Schlick & Schlacke Schellackplatte
Schalloch Schunkel Schimmelkäse
Schummel Schande Schwellenangst
Schiebung Schnepfe Schnallentasche
Schlund & Schuld & Snackgewürze
Schnotter Schleim & Schubidu

Frau Schwaderlapp nicht zu vergessen.

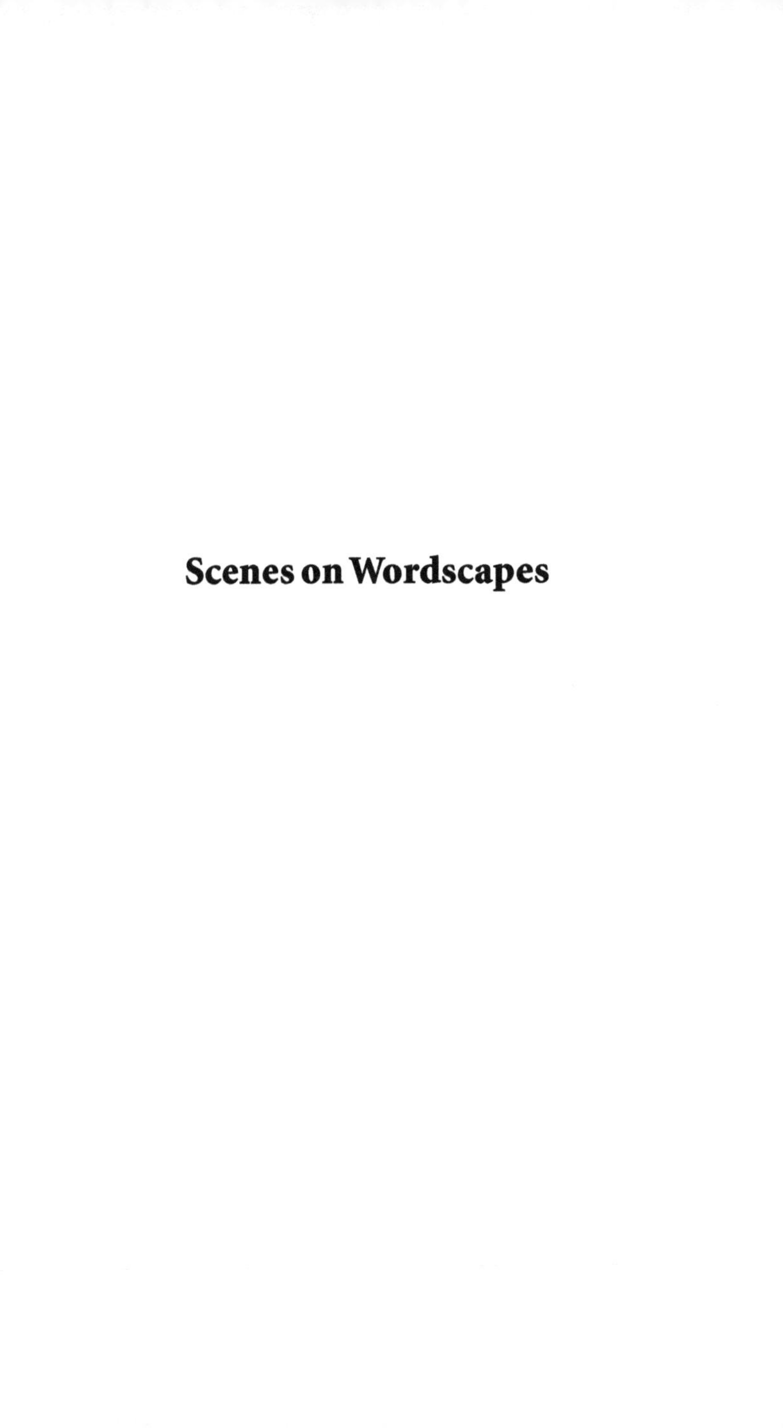

Scenes on Wordscapes

n-tags

Straßen am Morgen, aus LKWs crasht Ladung, entfährt,
enthält. Hebebühnen surren. Auspuffe röhren topfig. Zerris-
sene Stimmgirlanden wehen unter dem Klangregen hervor.
„Können Sie mir sagen, wo Kattrepel ist?"
Wechsel in einen wattierten Raum,
wie in einen Mantel gesprochen, leicht gehaucht:
Ich bin Zaungast ohne Zaun.
Mir kommt das Draußen heute vor wie ein Puzzle, bei dem
eine Lücke flirrend durchs Bild zieht. Und ständig auf der
Flucht ist vor dem blinden Fleck. Dieses Abtauchen in Luft,
dieses nahtlose Durcheinander. Ich zerschneide Sphären, ich
setze Füße. Wie kein Schachspieler Figuren. Ich warte ab, ich
stehe und werde. Ich gehe die Straßen hinunter. Ich pranke
durch die Ladenwelt und schüttle meine Glieder. Ich zerstreue
mich. An etwas anderes ist heute nicht zu denken. Derart
konzentriert kommen mir frisierte Mörderinnen entgegen.
Jede von ihnen hat den Tag mit einem neuen Willen begangen,
und der ist zu schwach frisiert, um den nächsten Tag zu
überleben.

Sie sagt
Sie sagt
Sie sagt

Kaum zu unterscheiden, diese Versionen.

Unbenutzbares Material, die Sprache. Ich verstehe nur
Punktuelles, Abbrüche, Ansätze. Keine Geschichten, nur
Blicke. Sehen und in sich die Bilder überlagern lassen. Ausge-
rissene Augen in breiten Lagen auf den Ampeln. Es ist Rot, es

ist Gelb, es ist Grün. Das Flutschen der Lichtpunkte zieht durch
die Hirne. Ich nehme ein kollektives Auge an, das sich über der
Stadt ausbreitet – in den Rachenraum der Welt hinein.
Ein zyklopisches Gestirn am Himmel. Überall Augen.
Auch ich: Reflektor, Bremslicht, rotes Segment, Widerstand.

Hauptbahnhof/ZOB: Einzelne Menschen treten in der Ein-
und Ausstiegsflüchtigkeit nur als flimmernde Farb- und
Hitzepunkte im Gefüge auf. Bewegte Gemüter, Chiffonkleider,
behütete Männer, zwischen jung und Rentenalter.
Diese Spurentreue parallel gelebter Leben. Zerlebte Ichs, diffus
verniedlicht, sagt „Auf Wiedersehen!" Hände gleiten in die
Luft, man fügt einander zu, schanzt, verschränkt sich.
Zweimal fünf Glieder. Zum Abschied: Bekräftigung des
Dezimalsystems.

Oft hörte er anstelle einer inneren Stimme irgendeinen
markigen Refrain, der sich endlos wiederholte: Makingup-
yourmindmakingupyourmindmakingupyourmindm ...

Vollgestopfte Mülltüten. An den Scheiben klatschte Kot. Man
beugte sich aus den Fenstern. Rücken schmerzten. Es waren
Muskelstränge, die wie Hosenträger unter der Haut strämmten
und an denen strangulierende Knöpfe festgeschraubt waren,
die sich in die Leiber bohrten. Push the button. Und die
Erinnerungen begannen zu strömen.

Der Vater sitzt. Die Mutter ist eine Mutter. Familie.
Unser Favorit: 8 Tassen.

Mach mir ein Bett in deinem Kopf! Mach mir eine Schneewehe
aus Einsatzkommandos! Ein-Satz-Kommandos. Kommandos

auf blankem Grund. Aus der Stille schneeweißen Papiers.
Widerstand gegen die Gewalt des Herzens-s-s-s. Herzens-SS.
All dieses aufflammende Ja! zur Verneinung des totgetreten
Eigenen!
Je härter die Umgebung, desto mehr zieht sie dich zusammen.

Zwei Kugellautsprecher, die wie Zimmerplaneten durch den
Raum schweben, machen auf easy. Zuckende Schatten auf dem
Boden nehmen den Dingen ihr statisches Beharren auf sich
selbst. Und der Wunsch nach Absolution für das, was zu tun ist.
Immer wieder. Unsere Körper – Widerstände, die Zeit und
Wahrnehmungen beinahe absorbieren? Was bleibt?
Sie sagen: Sag das Sagen als Luftgeräusch. Sprich durch
den Deo-Zerstäuber eine Wortwolke, die sofort verfliegt.
Und darin: Kopfverklappung – ein stetig ausgelöstes
Nein!NEIN!Nein! im Gedankenschwarmgeschwader,
das sich tarnt als „Keine Ahnung“.
Vertonung eines Kopfwehs.
Installation einer Abhöranlage, die sich selbst belauscht.
Zwei Augen zwischen den Ohren und ein Gehirn.
Das Wollen ist so weit weg, dass seine Abwesenheit schon nicht
mehr schmerzt. Es ist watteweich im Absehen von sich selbst
geworden. Oder ganz hart. Es sitzt vor Fernsehern, Bildschir-
men, hinter Windschutzscheiben und schöpft seine Kaufkraft
bis zum Anschlag aus. Ein wundersames Ruhen von nicht
Gelebtem, das gelingt am besten. Schöner, reibungsloser
Ablauf des Nichtfortfahrens mit sich selbst. „So oder so.“
„Auch egal.“ Ein Einsehen-Haben mit ohne-sich. Von außen
auf sich heraufsprechen wie auf eine Puppe, die anders werden
muss. Wie auf etwas, das sich das Rauchen abgewöhnen soll.
Irgendetwas arbeitet. An uns. Von wo?

„Entschuldigung, können Sie mir sagen, wo Kattrepel ist?"

Die Suche. Zurück zum ersten Bild.
Die Suche nach etwas Bestimmtem.

One Man Duo

Der Sonnenblume letzter Stand: brach, hängend ... mit Tesa ans Geländer gebackt, sodass sie sich hält. Sie – mein Gegenüber aus Holz – blättert vom Regen verquollen auf.
Künstliche Sonnen.
Lasst Blumen schweigen ... wie alles andere auch.
Sommer im City-Soundgarden. 20.45, in der Nahziel-Neuzeit Konsens. And me. As a Romeo. In the backyard.
Rückblenden in die Vergegenkunft der Zugangenheit & darin des Gegendwarts hautumwobene Augen- und Ohrenpaare.
Aus dem Hof klappern Teller, Vögel knirschen knorpelig, Finger spreizen sich an Löffeln, Beinen, Besen. Wespen surren an Höhe verlierend und verfliegen: sich. Der Baum steht nicht länger abseits, sondern rückt auf einen Meter heran. Bis an den fünften Stock. Etwas kriecht in den Mund und schmeckt fad, chlorogephyllt. „Gib mal ..." wirft eine Männerstimme aus dem Nebenhaus ins -osmodrom des Hinterhof-Karrees. Ansonsten ruht sich das in der Luft aus, was das Gewölk gelegentlich durchstreift: fliegende Staubkugeln, getunkt in einen Eimer silbernen Teer.

Eine Dame in Weiß, zwei Hänger weiter, speiste mit dem Rücken der Wand zugewandt, allein von ihrem Teller. Ihre schwarzen Haare anbei. Hingen. Schmal. Fadengeheftet aus Gedanken. Selbst auf die Schulter: mir.
Der Wind war still und nicht der Hund. Der Kuli, immer langsamer den Weg der Gedanken hinterher, kratzte sich über und durchs Papier, sprach abschätzig von Transparenz, Rollfeldern und Oblaten auf der einen, von Sperenzchen und Semipermeabilität auf der anderen. Seite um Seite.
Im Ersten nässte es aus einem Blumenkasten. Klang, als ob. Im

Zweiten nieste eine alte Dame, nieste 17 mal 83 Jahre hinterein-
ander weg. Die Blätter bewegten sich noch von der Erschütte-
rung, dem Nachhall. Es roch nach Käsekuchen. Die alte Dame,
noch einmal. Niesteniestenieste. Was auffiel: Sie nieste in Moll.
Waren es eigentlich Tränen?
Im Erdgeschoss wurde eine Trommel ausgepackt, Donnerstag-
abend 21:01. Die Bahn kam in der Ferne / vorbei / und rollte
erst über die eine, dann über die andere Brücke. Es roch nach ei-
ner anderen Zeit, nach einer anderen Freude, doch die war
schon länger aus einer anderen, vor dieser, der mit mir und ihr,
als ich noch in mich passte, mir kongruent unter die Haut ging,
als Authentizitätspflaster mir eins, eben jenes, übergezogen hat-
te.
Duftete nun nach kleinen Fläschchen. Aura Soma, bitte nicht!
Mantra-Männchen stiegen aus den Wolken und seilten sich an
purpurnen Hängestrickleitern von der Regenrinne über mein
Ohr hinab und läuteten die Glocken. Es raschelte nach Unter-
rock und klingelte polyphon. Niemand nahm ab. Der Cognac
zur Rechten schmeckte nach Marseille. Die genieteten Löcher
in den Turnschuhen versprachen Gleichzeitigkeit, Auslass,
Durchzug. Es wehte Angst vor einer Zukunft, die an die Vergan-
genheit erinnerte … herüber. Von wo? Die Frau in Weiß aß
Nachschlag und klapperte, las dabei Fotos. Jürgen Teller.

Es war einmal ein Damoklesschwert, das hing über den Köpfen,
hing über einer Stadt, einem Land, in dem die Todgeweihten
täglich aufs Neue zur selben Zeit zur Arbeit und rückwärts. Die
Todgeweihten waren aber auch der -losigkeit zugeteilt, wie
einem Vielfraß und steckten ihre Köpfe in des Getriebes Sand
und knirschten leise. Gesellschaftskritik hinter vorgehaltenen
Händen. Streifen auf der Haut. Es war einmal ein Damokles-
schwert.

Gedanken flossen wie ein Rinnsal aus Blut durch die Gefühle und schwammen in den weiten, kühler werdenden Abend. Der Kuli fuhr schneller, ihm zufolge weinte sich eine Träne aus, floss einsam übers Papier in einen See nebulöser Absichten. Verzerrte die Draufsicht, verschmierte die Beobachtung. Man sah kaum, wie der Himmel sich dehnte, reckte, gähnte, bevor es ins Bett ging, das irgendwo ganz hinten in einer Senke versteckt war. Der Abend ... man glaubte, dass er die Gardinen zuzog und es dunkel wurde, nachtblau und samtig.
Da legte sich die Zugegenheit wie ein Schleier über das Gemüt und es wurde noch dunkler. Schwarz. Man sah mit Nachsicht (Gerät) ins Außen, kratzte in einen Hals, als sei eine Biene darin. Man kannte sie. Man hatte sich schon mal gesehen. Fest im Glauben an das Danach zog es am Ärmel. Ging mir ans Zeug. Zog mich fest ins Atmen hinein, klemmte sich an mich, wie ein Skriptbaord an den Zettel. Ich wollte wissen, wer, warum. Wer meine Hintermänner waren, meine Vorderfrauen und deren Mittelsmännchen. Sind und waren. Und in den Genossenschaften machte sich Unmut breit, familiensystemisch geklüngelt, wer war hier mit wem verstrickt?! Ich, also, mit dem Intercity ... der gerade die Brücke überquerte ... war ich angereist, aus der Zone der Anderen, der Direkt-vor-die-Gaumen-Gestoßenen, deren einziger Bewohner ich schien, von dort war ich angereist bis hierher an den lauen Sommerabend eines wie auch immer gearteten Jetzt-tzts zu mir zu stehen, zu sitzen, zu liegen: Ich, als Knolle, in mir, befestigt bestenfalls tief im Erdreich eines Fragezeichens, in dessen Humus, und so wuchs es über und über und über mich hinaus. Bis es als Weinranke und Efeu ums Haus mich schlug und es ein. Wie Geschenkpapier aus Laub. Wall-Art, wrapped all over.

Gegenwart als Improvisation über eine Sekunde. Eine Vögelin zwitschert aus einem verstopften Baumloch heraus, schrill, wie zu Zeiten des Unkenrufs, wie ein Sonderangebot, bei dem die Summe hinter dem Komma verzittert, unwesentlich wirkt und bis in die Lager hallt. Die Vögelin singt das Lied von der 99. Es antwortet sonor ein Männchen („Preise sind das heutzutage, aber das doppelt. In Euro.") und ein Junges im Baum verhält sich dazu konträr, das heißt geschlechtsneutral. Von hinten, übers Dach geflogen, kommt eine Fiedersache, zwei, drei Flugbegleiter, eine blamable blasse Schar, die da die vermeintlich billigen Preise bezwitschernd überhebt, als handele es sich um eine Fabel.

Alles kaum sichtbar, mehr geahnt. Ich verlor im Hören und Sehen meinen Text-Körper-Zusammenhang und nestelte nun im Ohr umher; Wandervokale des Seins, in das ein Auto rauschte, der Vögel letzte Ruhe vor dem Sturm des Schwarz der langen Nacht. Um den Genitiv-Stausee schlichen Marder, Katzen zickten.

Unter dem Shirt: eine Art praktischer Ansatz, ehedem theoretisch, nun Fleisch geworden: Faulheit, dem Zweifel der Gedanken ergeben, sich einfach hängen lassend. Zumal auf dem T-Shirt etwas geschrien stand wie Urlaub im Burnout.

Es war die Nacht gekommen, in der alles stimmte und summte. Die Häuserwand zehn Zentimeter rechts neben dem Ohr, durchzogen von Rissen, feinen Narben, Putz von raustem Grau, Oberhaut des Hauses, schluckte, dämpfte ab. Unter Augenrändern dunstete der Haupthimmel in der Vögel Gefieder. Schemen, Wolkengase, Dasein am Rauputz. Gedankenpflug.
Eine, die, Frau ließ vergessen. Mich. Eine andere Frau. Die mich alle anderen Frauen vergessen gemacht hatte.
Ein Sommer wie damals wird ewig nicht wiederkommen. Für

immer im Jetzt des Gestern, solange Leben das seine tut?

Die Cognacglocke schimmerte golden. Der Stuhl knarrte. Es sitzt was auf der Schraube: „Ich".

„Hör nicht auf hör nicht auf" schwebte unten im Vierten die eine dem anderen zu. Als wäre da was im Gange, Lebenswirklichkeit, im Entstehen begriffen. Gekommen auf dem hohen Fis setzte es noch einen drauf: Schreie, Schnorcheln, Schweigen. Die Zigarette danach zog als blauer Pfau am Nachtkleid des Balkongeländers. Vorbei.

Das erinnerte an etwas: Ist das noch zusammen? Oder schon Kampf aufs Äußerste, ganz innen, gefühlt?

Ein Stillstand im Blattwerk lud den Atem ein, zu halten. Im Korb der Brust fiel ein Ball durchs Netz. Der Herzschlag rastete Ein/Aus. Ein/Aus. Das Maß, die Stunde am Abend.

Des Cognacglases Pfütze sah nach Leben aus, als wäre da jemand drin gewesen, der trank. Außer mir, der in mich hineintrank. Was war das? War da was gewesen? Der nicht in Erscheinung trat, wie andere in ihre Fußstapfen, ihre eigenen, oder die anderer Leute, die sich für sich hielten, wie man sich für einen Denksportler oder einen Kulturgüterzug voller Hoffnung hält, aus dem dann alle mal naschen dürfen. Als wäre das das Echte. Das Leben.

Das wars, lenkte die One-Day-Fliege ein und stürzte sich in Kamikaze-Flirtlaune zu Boden. Der Tag ist eh gelaufen, dachte sie das?

Gedanken an nackte Gänsefüßchen, oben und unten, an Sex auf nassem Laub und auf mit Rosshaar gefüllten Matratzen. Denken an knirschende Zähne in der Nacht und bei Frost. Mit Trance sich fit halten und wach und absichtslos und Gute Nacht!

Wieder war ich live dabeigewesen, 24 Stunden, an diesem Tag, und keiner konnte es sehen, während im Vierten und jetzt auch im Zweiten die Frauen schrien, noch einmal, als wären sie nicht allein. Nullfünf ... Sommer, Tour der Leiden.

Kurz vor dem Outro spaltete sich etwas in zwei Teile, geriet ins Trudeln und legte sich ab in die Hängematte. Und wie der Schlaf erschien ein Flugzeug, vor dem ein Mann im Trenchcoat zum Abschied einer Frau langsam winkte.

Die Reise nach Worpswede

– Hörspiel –

Angaben zur Realisation

Sieben männliche Sprecher, eine Frau

A (ohne Hall)
B (ohne Hall)
C = Erzähler (beide Parts werden von einer Stimme gespro-
chen. Die C-Parts werden trocken und ohne Hall aufgenom-
men, die Erzähler-Parts dagegen stärker mit Hall unterlegt. Der
Erzähler spricht alle Textteile, die nicht als Zitate und in Klam-
mern aufgeführt werden).
R = Radiomoderator
W = Wirt
G = Galerist

Die Geräuschspur läuft nicht immer textbegleitend und textlo-
gisch, sondern auch kontrapunktierend ab. Auf derartige Anga-
ben habe ich weitgehend verzichtet, da dieses Projekt als Auto-
renproduktion realisiert werden sollte und ich im Heimstudio
mit zum Teil „unbeschreiblichen Geräuschen" experimen-
tierte.

PROLOG

Bei einer Autofahrt durch eine echte Wortlandschaft werden akustische Signale übermittelt. Drei Stimmen (A, B und der Erzähler C) sitzen in der Hauptsache: vorbei an Landschaft (soweit Stimmen den Eindruck des Sitzens erzeugen können). Geräusche vermitteln die Illusion, hier werde eine Strecke zurückgelegt, gefahren. Ebenso gut aber könnte die Situation in einem Simulator stattfinden. Im Kopf der Hörer beispielsweise. Einzelne Vorfälle bleiben schemenhaft und vielseitig interpretierbar. Trotzdem entsteht ein Erzählfluss. „Ziel des Ausflugs" ist das ehemalige Künstlerdorf Worpswede, das im eigentlichen Text überhaupt nicht erwähnt wird.

Handlungsstränge und deren Auflösungen sowie unterschiedliche Charaktere haben in diesem Hörspiel keine Chance.

Die sparsamen Dialoge wurden zufällig aus Raymond Chandlers „Einer weiß mehr" herausgefischt. Erwartbare Geräusche werden zum Teil ersetzt durch Beschreibungen von fiktiven Sounds (zum Beispiel: „Geräusch-Geräusch, allgemein im Wald verwurzeltes Geräusch-Geräusch").

Der Ort des Hörspiels könnte genauso gut NIRGENDS sein, so wie die Sprecher austauschbare NIEMANDE sind. Nur die Sätze zählen. Sie schalten sich wie die Gänge zwischen Hörer und deren Erwartungshaltung. Sätze, die zudem allerlei Anlass zu Geräuschen geben.

Das Hörspiel als intellektuelle „Cabrio listig" – der offene Kopf als PKW.

I.

Erzähler:

Römisch eins

Drei Männer quer.

A

A: Eins

Erzähler: B

B: Zwei

Erzähler: C

C: Drei

(Türenklappen)
(Geräusch eines anspringenden Autos)

88 - 92 - 96 - 100 - 104 - 108 MegaHertz
54 – 60 – 80 – 100 – 120 - 140 - 160 KiloHertz

Erzähler: Autoradio-Einschaltknack: von Rauschen begleitetes Suchen auf der Senderskala. Autoradio Aus.

Fingergeräusch

Fahrt-, Wind- und Räuspergeräusche

A: Wie sah sie denn aus?

B: Verdammt schwierig heutzutage, das Alter einer Frau auszumachen.

A: Na, was ist?! Heraus mit der Sprache!

A: Weil es ein echt weibliches Versteck ist?

B: Kann ich nicht behaupten.

Erzähler:

Achseln zuckten – so langweilig, dass man nichts mit ihnen zu tun haben wollte.

Und dann, man konnte weder Sinn noch Verstand darin sehen, spuckte er auf den Teppich zu seinen Füßen.

Kauen-auf-Filter-Geräusch

B: In der Tasche links an der Tür ist noch eine.

Erzähler:

B wandte mir seinen großen Kopf zu und starrte mich an.

Ich bewegte mich ein bisschen, um zu zeigen, dass ich noch da war.

Das war ambitioniert! Ich hörte seine Stimme den Unmut des gestrigen Tages zusammenfassen. Das Schlimmste war, dass man sich selbst nicht glauben konnte.

Er redete wie eine Stimme. Dabei kam es mehr auf ihre Farbe
an.
Ein blassgrauer Bus hielt auf einem Parkstreifen und war schon
vorbei.

Ich blickte auf.
Der Einmachzucker befand sich in einer Tüte mit einer
eingerissenen Ecke. Jeder dieser Behälter konnte ein Versteck
sein.

C: Ja.

Erzähler:

sagte er.

Wir warteten, bis die Ampel auf uns zukam. Dann warteten
wir.

Fahrtgeräusche: Stopp!

B: Na, das ist doch ...

A: Der springende Punkt!

B: Dieser Ort ist überall.

(Anfahrgeräusche, Autoradio an)

Erzähler:
Beobachtung: Das Fenster eines Badezimmers war
verschlossen.

Der Grundstock an Musik, der uns für immer eingeprägt ist,
zog aus pfeifenden Mündern an die Luft.

Erzähler: Seierige Melodie

(Die drei Männer pfeifen eine Larifari-Melodie)

Erzähler:
Für eine kurze Pause fuhren wir auf den Parkplatz.

(Geräuschstopp)

C: Sendepausen herstellen und „Ruhe bewahren". Ruhe, als
etwas durchaus Erhaltenswertes.

Erzähler:
Für nichts und niemanden eingelegte Schweigeminute.

Die Erregung einer öffentlichen Haut, die hier vorschwebt, die
hier vorgeschwebt wird, vorbeisegelt, vorschwärmt …

Ahh-Laut aus der Tiefe …

A, B, C (zusammen): Aaahhhh!!!!!!!!

Erzähler:
Von der Antenne bis an die Synapsen … lange, lange reifen im
Weltraum die Wellen heran, die langen bis ultrakurzen, bis da
was ins Ohr schwappt …
Dialogstarre

(Vier Sekunden Pause)

Draußen auf der Straße:

Verstümmeltes Gespräch aus Handtaschen,
in Handteller gelegt.
Prinz Honda überholt.

(Wrumm-Geräusch eines schweren Motorrads)

Erzähler:
Die Aufgabe unseres Motors war das Singen.
Er summte literarisch.

Die Kälte-Winde zog Eisenkrallen über das Land. Über Städte,
Mäuse, Straßengräben. Selbst vor fahrenden Händen machte
sie nicht Halt.

(10 Sekunden des Schweigens und Motorbrummens)

Aus gefiederten Augen
A: Gardinen
Erzähler:
guckten die Häuser. Wir hatten einfach keine Lust auf Augen.

Eine mit einem Feuerlöscher herbeieilende Musikaufnahme
sprühte in die Ohren.

Fortgesetztes Kauen.
Ein neues Gesprächs-Geräusch im Mund. Ein Auto kam dem
entgegen.

Es war blauweiß.

Auf der Insel zwischen den Fahrstreifen drehte sich jemand
um. Ich dachte wieder daran, dass man all die
Ungeheuerlichkeiten aufschreiben musste.
Das, was ausblieb.

In einem Seitenweg verschwand ein Bewohner.
Ich erklärte ihn zum Geheimnis.

So viele Wunder, die an die Randbezirke verdrängt wurden.
Der Gehirnwindung krummes Rückgrat tauchsiederte aus
dem Hals auf die Zunge.

C: Komm zur Sache, Sprachschatz!

Erzähler:
sagte ich.
Wortpunkte verschwanden im Textnebel, ballerten fusioniertes
Zeugs. Mein intimes Verhältnis zum einzelnen Wort schwand.
Ich schloss die Augen und entschlummerte.

II.

Erzähler:
Römisch zwei

Abends in W.:
Wir informierten uns.
Die Jugendherberge war eine Feldmaus in einem Stahlrohr.
Hatte sich im Wald verfangen. In den Doppelbetten lagen
Menschen. Übereinander. Kleine.

Jetzt war es spät. In der Kneipe saß der Rauch. Wie wenig Spaß
es machte, einem Wirt beim Umdrehen zuzusehen. Auch saß
man. Was man kannte.

C: Ein Gespräch sozusagen.

Wirt (brummig): So ist die Lage!

Erzähler:
sagte er.

Dann fing er an, keine Antwort zu suchen.
Worauf ich nichts erinnerte.

III.

Erzähler:

Römisch drei

Wir frühstückten.
Ein Galerist am Nebentisch erwähnte Bremen.

Galerist (emphatisch): Eine gaanz schöööne Strecke!

Erzähler:

Die eingerollte Leinwand aus Bierresten schwappte gegen
meinen Kopf. Auch fiel die Kissenschlacht wieder ein, die wir
zu dritt andeutungsweise begonnen hatten. Dann kam die
Frage auf, wie es wäre, hätte man Frauen kennengelernt.

B: Platz wäre ja genug …

A: Lass und kloppen!

Erzähler:

Das Ei war jetzt wieder weich, ganz wie zuvor.
Die Nervosität von Urlaubern kitzelte uns. Wir bezahlten und
stiegen auf den Sandweg, der unter dem Wagen lag. Die harten,
blauen Ledersitze, die knapp über der Straße montiert waren,
ruckten.

Eine Wirkung zog einsam durch den Kopf, und wir fuhren
wieder davon.
Der Text als Streifen markierte den Horizont.

Ich erklärte den Wald: Siehe rechts.

Von vorn

B (aus dem linken Kanal): STEREO passiert gleichzeitig.

Erzähler:
kam uns die Richtung entgegen.

Auf Teufel komm raus erreichten wir da Teufelsmoor. A, der bereits die ganze Zeit auf dem Rücksitz neben mir saß, hatte gesessen, was das Zeug hielt und schrie.

A: Vielleicht einmal aussteigen?!

Erzähler:
Türklappen
Weiches Watschen auf Moped
Betretenes Schweigen
Teufelsmoor
Geräusch-Geräusch,
allgemein im Wald verwurzeltes Geräusch-Geräusch.

Stille, sagen wir: 30, 60 Sekunden? Länger!
Stille

C (dahingehaucht): Stille

Erzähler:
Stille.
Ich erinnere mich nicht mehr.
An mehr Stille kann ich mich beim besten Willen nicht
erinnern.

Es blieb die Stille aus, die einsetzen sollte. Die Stille verlangte

geradezu nach mehr. Nach mehr Stille?
Dann wurde es wieder still. Ich beruhigte mich. Und genoss die
Stille, die sich augenblicklich einstellte. Und sagte:

C (lasziv): Ich hab noch Lust, 'nen Augenblick Stille zu
genießen.

Erzähler:
In der Ferne versuchte ein Schäfer, ein Sofa zu überreden die
Vertretung eines Massagegerätes zu übernehmen.
der ein ein zu eines zu über n

Jemand, der uns vor sieben Jahren jeden Moment hätte
begegnen können, kam ausgerechnet an diesem Tag früher
vorbei. (Was wir allerdings nicht wussten.)

Die Gegend wimmelte von Dingen, die wir noch nicht
abgeleckt hatten.

Amplituden schlurften nichts sagend über den Frequenzgang.
Sie rauschten windig aus und erhielten die Freundschaft.

In den angrenzenden Hütten wurden Rufe vertont
und an die Wand gehängt.
Als Pferdekopf-Reliefs.

Die Strecke zwischen unseren Ledersohlen und unseren Seelen
verringerte sich stündlich. Man fühlte das Material förmlich
zusammenwachsen.

B: Am besten wäre es, absichtslos zu bleiben.

Erzähler:

In diesem Dorfe nickte es: Aktionsgemeinschaft „Guten Tag!".

Wir kamen, hart patschend, wieder auf festen Boden.
Grau lag der Asphalt.
Wir sahen uns um und sahen aus wie

A: A
B: B
C: und C

Erzähler:

Eingestiegen

(Türenklappen)

C: Ich ... die Geschichte ist

Erzähler:

sagte ich zeigefingernd und blieb stecken.

Die Geschichte war einfach die.

Mini-Hörspiele

„Zitzek rein, nur du"
– Szene auf Bandschleife –

(Achtung! Beginnt mit oder ohne Memory-Taste immer
wieder von vorn.)

Die Reinigungs-Situation:
Sie steht vor dem Spiegel und fährt in den Haaren umher. Er
sitzt auf dem Rand der Badewanne und lässt die Arme hinter
sich, als spiele er Fragezeichen. Man blickt ihr in den Rücken
und ihm auf die Schläfe.
Das Licht tropft sparsam aus den 40-Watt-Osram.

Er: Jetzt, wo ich Geld hab', könnten wir beide zum Psychiater
gehen.
Sie: Sag' mir bitte was Schönes!
Er: Die Zahnpasta schmeckt gut.
    (lutscht mit der Zunge an der Tube)
    Was machst du da?
Sie: Bakterien beseitigen.
    (Sie gießt sich Wasser über den Rücken)
Er: Du bist ein Krokodil!
Sie: Ein einsames Krokodil. Keiner will mit mir weinen.
    (Er schleicht sich heran und steckt seine Zunge in ihr Ohr)
Sie: Doch nicht wie ein Hund lecken!

Fazit: Man versucht sich. Immer wieder.

Am Telefon (Beziehungsgespräch eines Autors)

weiß nich', sagte er
ich weiß auch nicht, sagte sie
das sagte ich bereits, sagte er

(im Hintergrund hört man ihn auf einer Tastatur tippen)

ach, weißt du, sagte sie
ich weiß, sagte er
ach, sagte sie, hier wird alles gegen mich verwendet
tja, so ist das eben, sagte er
ich dachte immer, dass es an dir liegt, wenn's merkwürdig ist,
aber gestern dachte ich, dass es nicht so ist, sagte sie
was machen wir denn heut' schönes, fragte er
ich lutsch an deinem emu, sagte sie
nee, damit hab ich den ganzen tag nichts zu tun gehabt, sagte er
aber ich, sagte sie
vielleicht sitzen wir auch einfach nur so da, sagte sie, und du
liest mir was vor ... dieses geräusch, dass du da machst, find ich
gut, sagte sie
komisch, dass du das gut findest, ich tippe gerade das, was du
gesagt hast, sagte er
ich les mal vor:

„weiß nich', sagte er
ich weiß auch nicht, sagte sie
das sagte ich bereits, sagte er

(im Hintergrund hört man ihn auf einer Tastatur tippen)

ach weißt du, sagte sie
ich weiß, sagte er
ach, sagte sie, hier wird alles gegen mich verwendet
tja, so ist das eben, sagte er", sagte er

das find ich manchmal ganz nett, so mitgeschriebene texte,
aber in diesem fall ... na, ist ja harmlos, sagte sie
das leben ist voller texte, sagte er, das kann endlos so
weitergehen ...
du kannst total schnell schreiben, sagte sie
ja, sagte er
ich leg jetzt auf, sagte sie
warte noch, sagte er
fertig, sagte sie.
so, sagte er
hast du jetzt alles mitgeschrieben, fragte sie. kannst es mir
nachher ja vorlesen
ja, wart mal, sagte er

(zwei Sekunden Pause, dann wieder Tippgeräusche)

ach, es ist langweilig, die ganze Zeit mit jemand zu telefonieren,
der die ganze zeit nur klok-klok- oder klook-klook-geräusche,
je nachdem, wie man's will, von sich gibt, sagte sie. ich bin für
dich nur so'n abschreibbares objekt.

so, sagte er, ich les es dir jetzt mal vor:
„weiß nich, sagte er
ich weiß auch nicht, sagte sie
das sagte ich bereits, sagte er

(im Hintergrund hört man ihn auf einer Tastatur tippen)

ach weißt du, sagte sie
ich weiß, sagte er (...)"

es ist 'ne eigenartige art des telefongesprächs, sagte sie
ja, wart mal, ich les es dir jetzt noch mal vor
jetzt lass mich, sagte sie, du bist wie so 'ne krake, die mich
damit die ganze zeit gefangen hält ... ich komm dann nachher
in 'ner stunde, sagte sie
gut, sagte er.

Erstveröffentlichungsangaben

Freihändig erschien im Begleitbüchlein zur Veranstaltungs-
reihe „Plat du Jour – Hamburg" für eine Lesung in einem
Gelenkbus mit Mirko Bonné und mir am 13. 5. 2000.

Ambivalium war in den Neunzigern im Literaturtelefon der
Hamburger Kulturbehörde zu hören, **Liebeswahn** wurde für
die Weblesungen der Hamburger Kulturbehörde aufgenom-
men.

Am Spion, Abt. Unknown Gender, Dauerwurst und **1. Mai**
wurden im November 2008 bei „Fixpoetry.com" ins Netz
gestellt, **Versuchsanordnung** folgte im März 2009.

Göttin der Nacht erschien in leicht abgewandelter Form im
Magazin des Live-Clubs „kir" im November 1984 und **Lunfen-
kuss** im Dezember 1984 in einer Auflage von 10.000
Exemplaren. In vertonter Form findet man sie (wie auch die
Texte **Dr. Kussboxer und seine Sekretspenderinnen, Ambi-
valium, Ich kennen einen, Lebloses Glück aus Flausen,
Fragezeichen, Das wirklich Wichtige**) als Hörstücke auf der
CD „Halbe Portion Jubel" (Gruenrekorder).

an die (vor-)geborenen belegte unter dem Titel „an die
vorgeborenen" 1985 den zweiten Platz im sogenannten
„Hamburger Literaturtelefon-Wettbewerb". Den ersten Platz
errangen übrigens Eckhard Rhode und Heinz Emigholz. Mein
Text ist am 22.5. 1985 in der „tageszeitung hamburg" veröf-
fentlicht worden.

n-tags wurde als „Live-Hörspiel" eingespielt mit der Band Tasche. Zu hören auf dem Album „Talk Slalom". Zudem wurden Elemente des Textes plus die Miniatur **Am Tisch** am 22. 12. 1990 unter dem Titel „Klotzbeute des Alltags" in der „taz hamburg" veröffentlicht (gedacht als kryptische Weihnachtsgeschichte).
Das Schlafen, Am Tisch sind ebenfalls auf der CD „Talk Slalom" (Gruenrekorder) erschienen.

Die Reise nach Worpswede wurde in leicht veränderter Version 1993 von Radio Bremen produziert und gesendet. Sprecher: Peter Lohmeyer, Siemen Rühaak, Erik Roßbander u.a.

Moment mal! wurde im Lyrik-Jahrbuch der Deutschen Nationalbibliothek 2003 veröffentlicht.

„Zitzek rein, nur du!" wurde im Begleitheft zu der von Uwe Wandrey und dem Hamburger „Literaturzentrum e.V." im Dezember 1988 organisierten Veranstaltungsreihe „lit altona 88" veröffentlicht.

Unterirdische Absprachen

ISBN 9783837049886
Herstellung und Verlag:
Books on Demand GmbH, Norderstedt